LA TUA STORIA DI SUCCESSO

Carmela Di Blasio

Genitori nell'era digitale

EDIZIONI &100
Marketing

Titolo
Genitori nell'era digitale
Autore
Carmela Di Blasio
Editore
Alessandro Gian Maria Ferri
Direttrice Editoriale
Lisa Ferri
Curatore
Claudia Ferri
Editors
Andrea Brunori, Gianluigi Cervellino
Grafica di copertina
Gabriele Ponti
Sito internet
https://edizionie100.com/
Codice ISBN: 979-12-80486-56-1

Tutti i diritti sono riservati a norma di legge. Nessuna parte di questo libro può essere riprodotta con alcun mezzo senza l'autorizzazione scritta dell'Autore e dell'Editore. È espressamente vietato trasmettere ad altri il presente libro, sia in formato cartaceo, sia elettronico, sia per denaro, sia a titolo gratuito. Le strategie riportate in questo libro sono frutto di anni di studi e specializzazioni; quindi, non è garantito il raggiungimento dei medesimi risultati di crescita personale o professionale. Il lettore si assume piena responsabilità delle proprie scelte, consapevole dei rischi connessi a qualsiasi forma di esercizio. Il libro ha esclusivamente scopi illustrativi e formativi.

Edizioni &100 S.R.L., Roma
Prima edizione Edizioni &100 Marketing - La tua storia di successo
Luglio 2023

Edizioni &100 Marketing, fondata il 17 Dicembre 2020 a Roma, è la casa editrice che realizza opere sartoriali curate dalla prima all'ultima pagina. Nel 2021 ha raggiunto anche il nord Italia aprendo la sua prima sede a Milano.

Nel Dicembre 2022, ha realizzato oltre 100 opere editoriali nell'arco di un solo anno.

Grazie al suo team di esperti, dà vita a libri accurati e appassionanti in maniera tempestiva, occupandosi di ogni singolo passaggio: dalla struttura iniziale alla scrittura dei capitoli, dall'editing meticoloso all'impaginazione minuziosa, dalla grafica interna alla realizzazione di una copertina accattivante.

La casa editrice cura a 360° l'immagine dei propri Autori, fortificando il loro personal branding. Realizza infatti strategie di marketing su misura, studiate in base alle esigenze di ogni Autore.

Oltre alla stesura di libri, i suoi servizi comprendono la creazione di bigliettini da visita incisivi, comprensivi di QR Code che rimandano a contenuti multimediali; la creazione di un sito web personalizzato, capace di descrivere nel dettaglio le informazioni principali che si vogliono condividere insieme a foto esplicative e coinvolgenti; la creazione, nonché pubblicazione, di post social, comprensivi di grafica e copy, per tutte le piattaforme social, e tanto altro!

"I figli sono come gli aquiloni: gli insegnerai a volare, ma non voleranno il tuo volo. Gli insegnerai a sognare, ma non sogneranno il tuo sogno. Gli insegnerai a vivere, ma non vivranno la tua vita. Ma in ogni volo, in ogni sogno e in ogni vita rimarrà per sempre l'impronta dell'insegnamento ricevuto."

- Madre Teresa

Tavola dei contenuti

Introduzione 13

Capitolo 1: Genitori nell'era digitale e stili educativi 15

Capitolo 2: Impatti del "digitale" sulle dinamiche familiari e conseguenze per i nostri figli 25

Capitolo 3: Testimonianze di alcuni miei pazienti 53

Capitolo 4: Imitazione, tempo e ascolto attivo 63

Capitolo 5: Raccomandazioni da trasmettere ai propri figli in merito al mondo del digitale 81

Capitolo 6: Idee per trascorrere tempo con i propri figli senza ricorrere alla tecnologia 85

Presentazione autrice 97

Conclusioni 99

Ringraziamenti 101

Prefazione

I figli vanno guidati sin da piccoli all'uso corretto dei social non solo dai genitori, ma una rete fatta da scuola, istituzioni, associazionismo etc...

La famiglia infatti non basta, ci vuole una rete più ampia, una comunità che sappia offrire ulteriori relazioni e opportunità di crescita e sappia essere un salvagente nei momenti di fragilità.

Questo è il tempo in cui sembra essere più forte e veloce lo sviluppo e la diffusione di una mentalità tecnologica, molto diffusa e molto precoce. È necessaria perciò l'alfabetizzazione al senso, all'acquisizione sempre più consapevole di strategie efficaci per governare uno strumento complesso. I genitori, da autodidatti, acquisiscono scarse abilità digitali e da soli, non ce la possono fare a educare i figli all'uso delle nuove tecnologie.

Ancor più perché le continue modifiche rendono impensabile puntare all'acquisizione o al consolidamento definitivo di abilità e competenze digitali.

Dunque la scuola, in tutto questo, ha un ruolo fondamentale. Prevedendo di "educare ai media", si può offrire a studenti e giovani generazioni quelle competenze necessarie per il loro uso consapevole e in continua evoluzione, e di "educare con i media" utilizzando il digitale per fornire un concreto sostegno alla didattica tradizionale.

Ogni criticità può essere trasformata in opportunità e in questo senso anche il digitale, se ben governato e compreso, può essere visto come un'opportunità e come una delle più potenti "tecnologie della mente" fino ad oggi sviluppate a servizio dell'uomo.

Claudia Di Pasquale
Presidente A.ge
Associazione Italiana Genitori A.ge

Introduzione

Immersi nella frenesia del mondo moderno, la tecnologia si è radicata nelle nostre vite in modo profondo e pervasivo. Basta dare uno sguardo attorno per vedere che tutti, praticamente senza eccezioni, siamo affezionati ai nostri dispositivi mobili al punto da portarli sempre con noi. Siamo costantemente con il telefono in mano, sempre connessi alla rete, e possediamo almeno un computer che ci accompagna nel nostro quotidiano.

Ma non siamo più i soli a farlo... I nostri figli sembrano ormai essere più abili di noi nel maneggiare il tutto.

Come genitori, abbiamo la straordinaria responsabilità di preparare i nostri figli per il futuro, e ciò implica anche fornire loro un'educazione solida e consapevole sull'uso responsabile della tecnologia.

Ma come possiamo farlo? E, soprattutto, siamo davvero consapevoli dei pericoli ai quali i nostri figli potrebbero trovarsi esposti se non stabiliamo regole ben definite?

In questo libro esploreremo vari aspetti legati a questa tematica. Analizzeremo i rischi derivanti da un uso sconsiderato dei dispositivi da parte dei giovanissimi, arricchendo la narrazione con testimonianze tratte dalla mia esperienza professionale con i pazienti. Offriremo consigli pratici su ciò che i genitori possono fare per proteggerli e su ciò che è meglio evitare.

In altre parole, esamineremo nel dettaglio tutto ciò che concerne i "Genitori nell'era digitale"!

Capitolo 1: Genitori nell'era digitale e stili educativi

Quando si diventa genitori, ci si sente catapultati in una vera e propria avventura, come se improvvisamente si venisse trasportati in un mondo sconosciuto, privi di una mappa o indicazione certe, e in completa balìa delle incertezze.

L'emozione e la meraviglia di avere un figlio si intrecciano con l'ansia di non possedere tutte le risposte e di non essere sempre sicuri su quali scelte compiere.

"Sarò all'altezza? Riuscirò a fornire tutto ciò di cui ha bisogno?". Madri e padri di tutto il mondo si trovano spesso a confrontarsi con una sfida interna di grande rilevanza: la paura di fallire nel ricoprire un ruolo dal calibro così rilevante.

Ma cosa alimenta simili angosce?

Senza dubbio, il mito del "genitore perfetto" che, ahimè, propaga in ogni dove, ma che in realtà NON esiste, come sono concordi affermare molti psicologi.

Viviamo in un'epoca in cui i social media hanno invaso la nostra quotidianità, offrendoci immagini di famiglie adorabili, vite da sogno, case linde e pinte e figli modello.

Indubbiamente, già prima dell'avvento di Facebook e delle altre piattaforme social, esistevano scenari simili, basti pensare a quando si sfogliavano riviste e giornali: c'erano sì ideali estetici e di vita idilliaca che ci venivano presentati, ma non erano così pervasivi come quelli odierni.

Ormai, basta un semplice click o uno scroll sul feed dei nostri "seguiti" per essere bombardati da immagini inarrivabili.

Siamo costantemente esposti a un flusso incessante di perfezione illusoria, che può mettere a dura prova la nostra autostima e spingerci a confrontarci continuamente con scenari ben lontani da quella che è la realtà.

Esiste forse un segreto, che solo in pochi conoscono e professano online, per essere dei bravi genitori e non farsi affliggere da costrutti demotivanti?

Secondo lo psicologo infantile Oliver Sindall, la risposta è no.

Non esiste un modo giusto e predefinito. La chiave di tutto risiede nel tempo e nell'esperienza: è attraverso lo stesso percorso genitoriale che un genitore impara e cresce, acquisendo e maturando capacità imprescindibili quali pazienza, empatia, capacità di ascolto e accoglienza e, soprattutto, riconoscendo che ogni figlio è un individuo unico, con un carattere e delle esigenze che si rivelano solo in relazione al presente.

Per cui, dietro ogni scatto impeccabile, ogni video apparentemente "invidiabile" in cui ci viene mostrato un istante, una frazione di secondo, che rappresenta solo una piccola parte della verità, c'è una storia più grande che non viene raccontata per intero...

Inoltre, teniamo ben in mente un fattore: non esiste madre o padre al mondo che non commetta mai un errore! Uno studio riportato da Science Daily, condotto dalla ricercatrice Susan S. Woodhouse della Lehigh University, esperta in attaccamento infantile, sostiene che chi si prende cura di un bambino riesce a compiere scelte giuste il 50% delle volte e queste sono sufficienti per renderlo un adulto sereno e appagato.

È importante riconoscere che lo sbaglio è parte integrante dell'esperienza umana e riguarda tutte le fasi della vita, dai neo-genitori a coloro che sono ormai nonni. Nessuno ne è esente.

Attraverso la comprensione approfondita degli stili educativi genitoriali, è però possibile sviluppare una prospettiva più consapevole e informata sull'importanza di adottare un approccio equilibrato e adattabile nell'educazione dei propri figli.

È raro, se non impossibile, trovare due nuclei familiari che praticano l'educazione in modo identico in ogni sua forma. Tuttavia, gli studiosi hanno identificato quattro distinti modelli di stili educativi genitoriali:

1. STILE AUTORITARIO
Pone l'accento sull'ubbidienza senza spiegazioni, utilizzando metodi coercitivi e punizioni severe. I bambini crescono in un ambiente rigido che non permette loro di sperimentare e imparare dai propri sbagli.

Di conseguenza, mostrano mancanza di autonomia, dipendenza dagli altri e scarsa stima di sé.

Sono meno maturi e tendono ad assecondare passivamente il volere degli adulti. Questo tipo di educazione porta a insicurezze e relazioni poco soddisfacenti con i genitori.

2. STILE PERMISSIVO

Caratterizzati da tolleranza e scarsa imposizione di punizioni, i genitori permissivi raramente esercitano controllo o autorità e quando lo fanno risultano poco coerenti e sicuri. Insomma, i figli si "autoregolano" e di conseguenza non fanno affidamento su nessuna guida, provando senso di ansia, scarsa fiducia di sé e immaturità.

Quando interagiscono con il mondo esterno, come la scuola o il gruppo di amici, possono sperimentare vari fallimenti poiché non sono stati educati a comprendere i propri limiti.

3. STILE RIFIUTANTE

I genitori negligenti sono quelli che per vari motivi non riescono a fornire ai propri figli un punto di riferimento saldo durante il loro processo di crescita. Non manifestano attenzione verso i loro bisogni, anzi adottano un atteggiamento distante e disinteressato, che di conseguenza porta a varie difficoltà.

4. STILE AUTOREVOLE

Qui incontriamo il connubio tra controllo e supporto, dove viene valorizzata l'indipendenza dei figli e spiegato il valore e le motivazioni dietro determinate regole. Questo approccio favorisce lo sviluppo di bambini fiduciosi, responsabili e socialmente competenti. Gli adulti autorevoli promuovono l'autonomia e offrono strumenti di comprensione del mondo, sono inoltre affettuosi, coerenti e capaci di imporre dei "no" se necessario. Questo si è rivelato essere il modello associato a risultati sociali più positivi fra tutti.

ATTENZIONE: gli stili educativi non dipendono solo dai genitori, ma sono influenzati dalla risposta del figlio e da fattori come il contesto storico, l'ambiente e altri rapporti interpersonali, pertanto lo stesso sviluppo tecnologico è un'influenza importante. A prescindere dal modello, però, a tutti capita di rompere qualche uovo nel cestello di tanto in tanto. Ed è giusto che sia così.

Un'indagine condotta nel 2019, come parte della campagna "This is Parenthood", ha svelato la cruda realtà della genitorialità, andando oltre i luoghi comuni dei claim pubblicitari e dei filtri social. L'obiettivo era stimolare una discussione sincera sulle gioie e le sfide di diventare genitori.

Il 55% dei genitori intervistati (60% delle madri e il 45% dei padri) ritiene di aver "fallito", per vari fattori, durante il primo anno di vita del proprio figlio. Se consideriamo i Millennial arriviamo al 66%.

È interessante notare come il 42% dei partecipanti ha indicato il costante paragone sui social media come una delle principali cause di stress.

Questo fa riflettere sulle aspettative irrealistiche che vengono create e alimentate dai contenuti che vediamo girare online.

È ormai diffuso il cosiddetto "spettacolo di genitorialità", dove il palcoscenico brilla di mamme e papà dal fascino inebriante, vestiti di serenità da capo a piedi.

Sorridono compiaciuti, immersi in un gioco senza fine con i loro figli, autentici capolavori di educazione, bravura e dolcezza. Sembra quasi che siano stati scolpiti nell'etere di un sogno incantato.

Ma è giunto il momento di far cadere il sipario e aprire le porte all'autenticità, perché la vita reale è ben diversa: in una danza di responsabilità, i genitori si scontrano con le montagne russe dell'emozione, attraversando valli di frustrazione e picchi vertiginosi di gioia.

E le sfide? Oh, sono molte e costanti, così come gli sbagli.

Essere "genitori nell'era digitale" non è facile e il continuo paragone è solo una delle tante peripezie che si è "costretti" ad affrontare, per cui il mio consiglio è di non lasciarsi sedurre dalla sirena delle apparenze, dallo specchio ingannevole dei nostri smartphone perché è ormai appurato che... non è tutto oro ciò che luccica!

Capitolo 2: Impatti del "digitale" sulle dinamiche familiari e conseguenze per i nostri figli

In un'epoca in cui i telefoni sembravano essere inizialmente l'unica forma di connessione, ci troviamo oggi in un punto in cui un semplice orologio svolge il ruolo di ponte tra spazi, rendendo le distanze obsolete e aprendo le porte a un futuro che sicuramente non smetterà mai di sorprenderci. Il tempo agisce come un motore che spinge inesorabilmente il progresso, aprendoci a nuove esperienze e a nuovi paradigmi nella percezione della realtà.

La tecnologia ha indubbiamente rivoluzionato il nostro stile di vita, offrendoci innumerevoli benefici sotto molteplici aspetti. Grazie ai progressi continui, oggi godiamo di un'esistenza più agevole e comoda, in cui molte sfide quotidiane sono state semplificate.

In tutto ciò, chi non ha sentito parlare almeno una volta della Generazione Alpha?

I bambini nati dopo il 2010 rappresentano la prima generazione a crescere considerando la tecnologia come parte integrante della propria vita, piuttosto che solo come uno strumento di uso occasionale.

I cosiddetti "nativi digitali" sono sempre più numerosi e dimostrano abilità che sarebbero state impensabili solo qualche decennio fa: a soli 3 anni sono in grado di eliminare le notifiche dallo schermo con un semplice gesto della mano, usano la tastiera prima ancora di imparare a disegnare con una matita e inviano messaggi vocali ai propri parenti per salutarli...

Il Centro per la Salute del Bambino, tramite un'indagine approfondita, ha rilevato dati sorprendenti: il 38% dei bambini di età inferiore ai 2 anni ha già sperimentato l'utilizzo di un dispositivo mobile per giocare o guardare video; il 63% dei bambini fino agli 8 anni utilizza i dispositivi dei propri genitori senza difficoltà, mentre la percentuale raggiunge addirittura il 72% all'età di 8 anni. Questa rapida "familiarità" che si crea con i dispositivi presenta una serie di opportunità, ma soprattutto sfide per i genitori.

Quali strategie possono essere adottate per affrontare questa situazione in modo efficace? Ma, prima di tutto, come possiamo determinare se l'uso dei dispositivi è nel range ordinario o sta sfuggendo al controllo?

Gli esperti suggeriscono ai genitori di considerare attentamente le seguenti domande:

1. *Siamo in grado di gestire in modo equilibrato l'uso dei dispositivi tecnologici in famiglia?*
2. *L'uso dei dispositivi sta influenzando negativamente il sonno?*
3. *L'uso di tali dispositivi sta interferendo con le attività familiari?*

4. Siamo in grado di gestire adeguatamente il desiderio di mangiare mentre si utilizzano i dispositivi?

Dalle risposte fornite è possibile ottenere un quadro chiaro dello scenario prevalente. L'evoluzione della società ha portato a un cambiamento nella gamma delle pratiche genitoriali, che ora include anche l'uso delle tecnologie.

Da un lato esse possono alleviare le tensioni familiari, ma dall'altro, se non viene esercitato il giusto controllo o approccio, intensificarle.

Purtroppo, è sempre più comune osservare una comunicazione disfunzionale tra genitori e figli, in cui i genitori si trovano costretti a "ricattare" per imporre dei limiti nell'utilizzo dei vari device, mentre i figli "negoziano" per cercare di abbatterli e avere sempre più libertà.

Questa situazione si verifica principalmente a causa della sottostima iniziale dell'impatto che la relazione e il tempo trascorso nell'utilizzo di tali strumenti possono avere.

È fondamentale pertanto stabilire delle regole chiare quando si utilizza la tecnologia digitale.

E se tali regole non sono state poste fin da subito e la situazione sfugge di mano? Cosa fare in questi casi? È fondamentale cercare strategie e risorse che possano contribuire a ridurre o correggere la problematica.

In primis, il digitale non deve essere utilizzato come moneta di scambio per negoziare la soddisfazione di desideri, ma deve essere utilizzato in maniera funzionale.

Facciamo un esempio pratico!

Madre: Ciao caro, hai finito i compiti?

Figlio: No, sto chattando con Marco e dopo ho una live su Twitch che non posso perdermi.

Madre: Se finisci almeno quelli per domani ti lascio vedere la diretta mentre mangiamo!

Figlio: E potrò vederla fino alla fine anche se termina all'una di notte?

Madre: Va bene... solo per stavolta!!

Questo è ciò che non andrebbe mai fatto: scendere a compromessi per far sì che un dovere venga compiuto e, per di più, accettare una contrattazione che, tra l'altro, intacca negativamente su un aspetto fondamentale quale il sonno.

Sì, è vero che viviamo in un'epoca in cui la comunicazione digitale è diventata parte integrante delle nostre vite, ma come per ogni altra cosa, la *gestione* deve essere regolamentata con cura, osservazione, attenzione e tempo.

Dobbiamo essere vigili sulla *durata* che i nostri figli trascorrono di fronte agli schermi e su *come* lo trascorrono effettivamente.

Non possiamo negare che Internet e le sue infinite risorse siano un'opportunità straordinaria per l'apprendimento e la crescita. Tuttavia, dobbiamo anche considerare i rischi che possono derivare dall'utilizzo sconsiderato di Internet, per esempio, soprattutto tra i minori. Studi recenti rivelano che il 56% degli italiani minori utilizza Internet in maniera incosciente, e questo è un dato allarmante.

Il digitale non deve essere un'entità alienante che separa le persone o causa dipendenza, ma spesso lo diventa. E con altrettanta frequenza, i "campanelli d'allarme" passano inosservati.

Quando i ragazzi non riescono a distogliere lo sguardo dallo schermo, nemmeno durante quei momenti "ordinari" in famiglia, come la cena, e i genitori si trovano costretti a chiamarli una, due, tre volte, finendo per urlare, per poi sentire un flebile "arrivo" che si rivela essere detto solo per guadagnare qualche altro minuto di svago.

O quando un figlio si dimentica degli impegni importanti, come i compiti per l'indomani, perché è troppo preso a sperimentare l'ultimo gioco o a chattare.

O quando un bambino non mangia nulla se non ha di fronte a sé il tanto amato intrattenimento di qualche cartone su YouTube.

Oggi siamo persino testimoni di un fenomeno estremamente preoccupante: sempre più ragazzi si ritirano dalla vita sociale, privandosi di contatti umani.

Sono gli hikikomori, un termine giapponese che significa letteralmente "stare in disparte". Questi giovani mostrano una volontà tenace di isolarsi dal mondo esterno, costruendo un universo fatto di mancanza di relazioni e solitudine.

Evitano qualsiasi tipo di contatto fisico e d'interazione sociale, limitandosi a vivere nella propria stanza, illuminata dalla luce di un computer, di una tv o di qualche altro mezzo. Gli hikikomori sono come dei prigionieri, vivono in un mondo a parte, separato dalla realtà. A fronte di ciò, si esprimono attraverso emozioni soffocate, colme di dolore e rabbia... Ma cosa gli accadrà quando sarà inevitabile cambiare questa modalità di vita?

La domanda su come siamo arrivati a simili scenari può sembrare scontata, ma la risposta è tutto fuorché semplice. Non possiamo generalizzare dicendo che esistono "genitori cattivi", perché la realtà è molto più complessa. Ci sono genitori che, purtroppo, a volte sono troppo permissivi per evitare conflitti, o che per motivi personali trovano una via di fuga dalla responsabilità genitoriale.

Alcuni possono avere difficoltà a instaurare un'empatia con i propri figli o ad avere relazioni significative con loro, trovando difficoltà nell'ascoltarli attentamente.

L'uso sconsiderato della tecnologia può generare una vasta gamma di conseguenze sgradevoli e indesiderate: analizziamone alcune.

Dipendenza

Ricordo con nostalgia i tempi in cui l'educazione passava attraverso il gioco fisico con i coetanei, all'aperto, per strada o nel prato. Quell'esperienza favoriva lo sviluppo delle funzioni esecutive e incoraggiava il confronto e la condivisione con i coetanei, facilitando l'apprendimento delle relazioni sociali. Oggi questa tendenza non si può ancora definire "scomparsa", fortunatamente, ma si è indebolita moltissimo. Ci sono bambini che preferiscono rimanere a casa a vedere la televisione piuttosto che giocare con qualche compagno di scuola oppure adolescenti che invece di crearsi ricordi reali ne costruiscono di virtuali attraverso caroselli di Instagram, per esempio.

Fin da subito, è necessario stabilire dei "paletti" ben definiti, limitando il tempo dedicato ai dispositivi digitali senza fare troppe eccezioni. Difatti, se un'eccezione diventa una consuetudine, si instaura un ciclo pericoloso: i figli possono sviluppare un attaccamento insano verso i supporti informatici, trovando sempre più difficile distaccarsene e cadendo in una vera e propria dipendenza.

Dipendenza? Che "parolone"...

Ahimè, non lo è affatto: il termine indica una condizione in cui una persona sviluppa una forte connessione psicologica o fisica da una sostanza o da un comportamento. Si caratterizza per un desiderio compulsivo e irresistibile di assumere la "sostanza" o di impegnarsi nel comportamento, nonostante le conseguenze negative che ne derivano.

Nel contesto della dipendenza dalla tecnologia, si fa riferimento a un legame insano e compulsivo con i dispositivi elettronici e si manifesta attraverso un desiderio incontrollabile e irresistibile nell'utilizzarli, accompagnato da una progressiva perdita di controllo sull'uso e una notevole difficoltà/incapacità nel cercare di interrompere o limitare l'utilizzo.

Uno dei fattori che contribuisce alla dipendenza dalla tecnologia è la stimolazione e la gratificazione immediata che essa offre. Le app, i social media, i giochi e compagnia sono progettati per catturare l'attenzione attraverso meccanismi di ricompensa e piacere istantaneo.

Ecco perché si tende a cercare costantemente nuove interazioni, arrivando addirittura a mettere in secondo piano altre attività e impegni importanti.

Ma a quali conseguenze vanno incontro i nostri figli?

1. *Diminuzione dell'attività fisica:* La dipendenza da tecnologia può portare a uno stile di vita sedentario, con bambini e ragazzi che trascorrono sempre più tempo al chiuso davanti a schermi e sempre meno tempo impegnati in attività fisica. La mancanza di movimento e l'accumulo di ore trascorse inattivi possono portare a un aumento di peso, con tutte le implicazioni negative per la salute che ne derivano. Ma non è solo il numero sulla bilancia a essere compromesso... la mancanza di movimento influisce anche sullo sviluppo fisico e cognitivo dei giovani: i muscoli non si sviluppano adeguatamente, le capacità fisiche si riducono e la coordinazione motoria si limita.

2. *Ritardo nello sviluppo sociale:* Uno studio condotto nel 2019 dalla Pediatric Academic Societies ha rivelato che i bambini che passano più di due ore al giorno davanti a schermi

elettronici hanno un maggior rischio di mostrare problemi di sviluppo sociale, come difficoltà nel comunicare, nell'interpretare le espressioni facciali, nel collaborare con gli altri. È importante sottolineare che l'interazione faccia a faccia offre un ambiente ricco di segnali non verbali, come il contatto visivo, il linguaggio del corpo e altro, che sono essenziali per lo sviluppo di abilità come l'empatia e la capacità di leggere e interpretare le emozioni altrui. Pertanto, la dipendenza tecnologica ostacola lo sviluppo delle competenze sociali nei bambini e nei ragazzi.

3. *Disturbi del sonno:* Uno studio condotto dalla National Sleep Foundation ha evidenziato che l'esposizione alla luce blu dei dispositivi elettronici prima di dormire può ritardare la produzione dell'ormone chiamato melatonina, responsabile della regolazione del sonno. Questo può portare a dormite insufficienti, affaticamento diurno, complessità di

concentrazione e problemi di salute a lungo termine. Per i "dipendenti", gli effetti negativi possono risultare ancora più intensi.

4. *Problemi di apprendimento:* Ci sono evidenze che suggeriscono come l'uso diffuso di Internet e la presenza costante di dispositivi digitali abbiano avuto un impatto sulla capacità umana di focalizzarsi su un'unica attività per un periodo prolungato. Nei giovani, in particolar modo, ma non solo, un uso sconsiderato può ridurre l'attenzione, la concentrazione e la capacità di elaborare informazioni in modo profondo. Ciò può riflettersi negativamente sul rendimento scolastico e sulle abilità cognitive.

5. *Difficoltà nello sviluppo emotivo:* Nel corso degli anni, l'aumento dell'accesso alla tecnologia ha portato a una sempre più ampia esposizione a contenuti inappropriati online, con conseguenze

negative sullo sviluppo emotivo dei più piccoli. La continua esposizione a contenuti inadeguati può compromettere la capacità dei nostri figli di comprendere ed esprimere le emozioni in modo appropriato, così come la loro capacità di identificare e gestire le proprie emozioni che potrebbe risultare limitata. Per esempio, l'esposizione a immagini o video violenti può portare a una desensibilizzazione emotiva, dove i bambini o i ragazzi sviluppano una minore reattività alle emozioni o una ridotta capacità di empatia verso gli altri.

Cyberbullismo

Consiste nell'uso intenzionale e ripetuto delle tecnologie digitali per danneggiare, umiliare o intimidire altre persone. Tale fenomeno si manifesta in diverse forme, come il trolling, la divulgazione non consensuale di informazioni private, la diffamazione, l'usurpazione di identità e altro. Il cyberbullismo non conosce confini: può colpire persone di tutte le età, appartenenti a qualsiasi gruppo sociale o cultura. A maggior ragione, i giovanissimi vista l'età, l'inesperienza e "l'innocenza", incorrono con più facilità in tali trattamenti.

Secondo uno studio condotto dall'UNICEF, circa il 34% dei ragazzi di età compresa tra 11 e 15 anni ha subito qualche forma di cyberbullismo. Inoltre, l'Organizzazione Mondiale della Sanità segnala che questa forma di violenza è in aumento, con un impatto negativo sempre maggiore sulla salute mentale e sul benessere delle vittime.

Quali conseguenze possono insorgere?

1. *Danno emotivo:* Le costanti offese, minacce e insulti online possono generare un senso di insicurezza e paura incessante nelle vittime. L'umiliazione pubblica, spesso accompagnata da commenti derisori e denigratori, può minare la fiducia in se stessi e nella propria immagine.

Pertanto, è estremamente facile sviluppare un senso di vergogna e imbarazzo che li segue anche nella vita offline. L'effetto cumulativo di simili attacchi può causare ansia generalizzata, depressione e persino disturbi post-traumatici, lasciando cicatrici emotive che richiedono supporto e tempo per arginarsi.

2. *Isolamento sociale:* Uno degli impatti più devastanti del cyberbullismo è la tendenza delle vittime a sentirsi discriminate e isolate dal resto della società. A causa dell'umiliazione online, le vittime delle volte vengono "allontanate" di proposito dai gruppi sociali, altre volte sperimentano una serie di reazioni negative che le spingono ad allontanarsi di propria volontà dal mondo esterno. E, altre volte, avvengono entrambe le cose. In ogni caso, la fiducia nelle relazioni personali e nell'interazione con gli altri può essere gravemente compromessa.

Possono arrivare a sperimentare un senso di alienazione e disconnessione totale, rifiutando qualsiasi tipo di supporto sociale di cui hanno bisogno per affrontare le difficoltà.

3. *Problemi accademici:* Le preoccupazioni emotive e lo stress derivanti dal cyberbullismo possono rendere difficile la concentrazione, portando a una diminuzione delle prestazioni scolastiche.

4. *Impatto sulla reputazione:* La condivisione di informazioni diffamatorie, foto imbarazzanti, video compromettenti o false accuse online può causare un'enorme perdita di fiducia e rispetto nella vita reale, sia da parte degli "spettatori" che della vittima stessa. Il cyberbullismo, difatti, può causare danni duraturi alla reputazione di un individuo, con conseguenze che si estendono ben oltre il mondo virtuale e che, soprattutto, sarà difficile eliminare dal web. Una reputazione danneggiata può influire negativamente sulle opportunità lavorative, sulle relazioni personali e

sul benessere psicologico complessivo: le vittime possono essere etichettate o stigmatizzate in base alle informazioni divulgate, rendendo difficile per loro ricostruire la propria reputazione o ripristinare la fiducia degli altri.

5. *Pensieri suicidi:* Il cyberbullismo può avere conseguenze deturpanti, portando alcune vittime a sentirsi talmente sopraffatte e disperate da considerare il suicidio come un'unica via d'uscita. Le parole e le azioni cruente perpetrate online spingono verso un abisso emotivo, creando un senso di disperazione che può sembrare insormontabile...

Secondo uno studio pubblicato sul Journal of Adolescent Health, i giovani soggetti a cyberbullismo sono circa due volte più propensi a provare pensieri suicidi rispetto a coloro che non sono stati oggetto di abusi online.

Purtroppo, molte storie di giovani vite perse a causa del cyberbullismo hanno fatto la cronaca internazionale, richiamando l'attenzione sul grave impatto che questa forma di violenza può avere sulla salute mentale e sul benessere delle persone. Un esempio emblematico è il caso di Amanda Todd, una ragazza canadese che ha subìto il cyberbullismo per anni: dopo una campagna di intimidazione e umiliazione perpetua, Amanda ha lottato contro la depressione e l'ansia, fino a prendere la tragica decisione di togliersi la vita. Anche l'Italia non è esente da simili scenari: il 31% dei minori italiani ha subìto cyberbullismo almeno una volta.

Adescamento online

L'adescamento online di minori rappresenta una forma subdola di abuso in cui gli adulti (ma non solo, delle volte anche coetanei) malintenzionati manipolano psicologicamente bambini e adolescenti al fine di superare le loro difese emotive e instaurare relazioni intime, talvolta sessualizzate, attraverso l'uso di diversi canali digitali (social, chat messaggistiche come WhatsApp, videogiochi etc.).

Questa forma di abuso sfrutta la vulnerabilità dei giovani, che possono essere ingenui, in cerca di approvazione, connessione, nuove amicizie etc. Gli adescatori si presentano come persone amichevoli, comprensive e interessate alle loro vite, attraverso la manipolazione emotiva cercano infatti di guadagnare la loro fiducia.

Per esempio, un adescatore potrebbe simulare un'amicizia virtuale con un minore, mostrandosi interessato ai suoi hobby, ai suoi problemi o alle sue preoccupazioni. Instaura un vero e proprio rapporto di amicizia per poi, gradualmente, introdurre temi sessuali nella conversazione, spingendo il minore a inviare foto o video intimi, o altro. Esistono poi i "predatori virtuali", individui che si spacciano addirittura per coetanei così da guadagnare più facilmente la fiducia delle vittime.

Questi adescatori manipolano l'ingenuità e la fiducia dei soggetti, approfittando del fatto che possono non essere in grado di riconoscere le intenzioni maliziose celate dietro le apparenze delle amicizie virtuali.

L'adescamento segue un percorso complesso e manipolativo, che si articola in diverse fasi. Vediamole nel dettaglio:

Prima fase: l'avvicinamento. L'adescatore crea una situazione per iniziare a stabilire una relazione, per esempio, potrebbe commentare in modo divertente o gentile una foto postata dalla vittima sul proprio profilo social. Così facendo mira a catturare l'attenzione e suscitare interesse.

Seconda fase: la conquista. Dopo aver ottenuto una risposta positiva al primo contatto, l'adescatore inizia a raccogliere informazioni sul minore e cerca di conquistare la sua fiducia. Utilizzando inganni e manipolazioni, inventa interessi comuni, creando via via un legame emotivo.

Questa fase può includere la condivisione di foto non necessariamente di natura sessuale, ma comunque finalizzate a rafforzare la relazione e il controllo dell'adescatore sulla situazione.

Terza fase: l'esclusività. Qui avvengono spesso i primi contatti tramite webcam/foto che possono includere contenuti sessualmente espliciti.

In caso di rifiuto nel proseguire la relazione online o di avviare una relazione sessuale offline, o altro, i materiali possono essere utilizzati per minacciare o umiliare la vittima.

È fondamentale comprendere queste fasi dell'adescamento online per poter intervenire tempestivamente e proteggere i minori.

Come accorgersi che i nostri figli sono soggetti a simili scenari?

1. *Uso eccessivo e segreto dei device:* le vittime potrebbero passare molto tempo online, fino a tarda notte, nascondendo le proprie attività e cercando di minimizzare o cambiare rapidamente la pagina quando vengono scoperti.

2. *Ricezione di regali da parte di estranei:* Se la vittima riceve doni, come vestiti, accessori o altro, da persone al di fuori della sua cerchia abituale di amicizie, potrebbe essere coinvolto in una relazione online pericolosa.

3. *Nervosismo e aggressività legati all'uso di dispositivi:* Se un ragazzo/a mostra una reazione eccessiva o diventa aggressivo quando viene impedito di utilizzare il telefono o il computer, potrebbe essere un segnale di dipendenza eccessiva o di coinvolgimento in situazioni rischiose online.

La tecnologia svolge un ruolo ambivalente nelle nostre vite.

Da un lato, rappresenta una risorsa preziosa che ci connette con il mondo, ci offre opportunità di apprendimento e ci permette di comunicare in modo più efficiente.

Dall'altro lato, se utilizzata in modo inconsiderato e senza consapevolezza o, nel caso dei giovani, senza il giusto controllo e l'adeguata osservazione da parte dei genitori, può portare a conseguenze sgradevoli e pericolose.

È fondamentale comprendere che la tecnologia non è intrinsecamente buona o cattiva, ma è l'uso che ne facciamo che determina i suoi effetti. La dipendenza, il cyberbullismo e l'adescamento online sono solo alcuni esempi delle conseguenze negative che possono derivare dal suo uso inconsiderato.

La consapevolezza è fondamentale quando si tratta di proteggere i nostri figli da simili pericoli. Solo attraverso una comprensione approfondita dei rischi a cui sono esposti possiamo agire in modo efficace.

Come genitori, abbiamo la responsabilità di educare i nostri figli sugli aspetti della sicurezza online e promuovere una cultura di rispetto e conoscenza nell'ambiente digitale, mantenendo una comunicazione aperta e continua con loro così da creare uno spazio sicuro in cui si sentano a proprio agio nel condividere le proprie esperienze e segnalare eventuali situazioni di rischio. Solo così potremo intervenire tempestivamente e fornire il supporto necessario.

Capitolo 3: Testimonianze di alcuni miei pazienti

Come psicologa e psicoterapeuta, ho avuto l'opportunità di accompagnare e ascoltare le storie di coloro che hanno vissuto direttamente le conseguenze negative del mondo digitale, e non solo.

Tre dei miei pazienti hanno acconsentito a condividere le proprie esperienze in questo libro, al fine di sensibilizzare e far riflettere sulla complessità dei problemi che possono sorgere nel contesto digitale. E di questo, non posso che ringraziarli. Premetto che, per una questione di privacy, i nomi sono inventati.

Prima testimonianza

Racconto la storia di una mia paziente straordinaria, Luisa.

Da ragazzina era una persona molto socievole, con un sorriso contagioso e un cuore aperto a nuove amicizie.

Ma tutto è cambiato nel momento in cui il sentimento dell'amore ha fatto capolino nella sua vita per la prima volta. Frequentava la seconda media quando si innamorò di un compagno di una classe vicino.

Quel compagno, un bravo attore dietro una maschera ingannevole, con le sue parole affascinanti, si rivelò essere un abile manipolatore. "Mi mandi una tua foto in topless?" le chiese dopo qualche settimana di frequentazione... una richiesta che, in pochi istanti, generò una tempesta di conseguenze devastanti.

In un momento di cieca fiducia e ingenuità, Luisa gliela inviò, convinta che fosse un atto d'amore sincero.

La foto venne divulgata senza pietà in tutta la scuola. Quell'immagine si trasformò in una vera e propria arma.

"Luisa, sei una..." si sentì urlare improvvisamente mentre camminava nei corridoi. Nell'immediato non riuscì a capirne il motivo, ma poi la verità venne alla luce.

Non disse nulla di tutto ciò a nessuno. Iniziò "semplicemente" a non parlare più, a non dire nulla nemmeno ai genitori. Entrò in un mutismo estremo, ripeteva solo le materie a scuola, faceva i compiti e, nel tempo libero, si barricava in camera. Non aveva più amici, nessuno voleva uscire con lei... persino le sue migliori amiche la tradirono, insultandola e offendendola senza mostrare alcun briciolo di empatia.

A causa dello stress accumulato, cominciò a soffrire di una terribile alopecia che la fece isolare ancora di più.

Oggi, tuttavia, la storia di Luisa rappresenta un autentico simbolo di resilienza.

Ricordo nitidamente il giorno in cui varcò la porta del mio studio per la prima volta. Fu la sua famiglia a portarla da me, mossi da un'intuizione che qualcosa non andava. Nonostante non avessero una chiara comprensione di ciò che stava attraversando, scelsero di agire, di non rimanere passivi di fronte alla sua sofferenza. Senza porre troppe domande, si affidarono a me, come terapeuta, dandomi piena fiducia. E in seguito, anche la loro giovane figlia decise di porre fiducia nella terapia.

I primi incontri furono impegnativi, quasi silenziosi. Luisa aveva difficoltà persino nel pronunciare una parola, la comunicazione era limitata e ardua.

Tuttavia, pian piano, le barriere iniziarono a crollare.

Grazie a un percorso durato anni, ha imparato a rialzarsi, a rinascere come una fenice dalle ceneri.

Ha riscoperto la gioia di avere amici, si è permessa di amare di nuovo, costruendo legami affettivi preziosi e creando ricordi che la accompagneranno per sempre.

Nel frattempo, l'alopecia, un segno tangibile del suo passato di dolore, ha iniziato a ritirarsi, lasciando spazio a una folta chioma che ormai cresce rigogliosa.

Luisa lotta ancora con la fiducia. È difficile per lei aprirsi completamente agli altri, perché sa che il tradimento può celarsi dietro i volti più gentili. Ma la sua forza interiore non è mai venuta meno e oggi sfrutta i nostri 45 minuti insieme in modo funzionale.

Grazie, Luisa, per avermi permesso di condividere la tua storia.

Seconda testimonianza

Questa è la storia di Mary.

Oggi, Mary è una donna di successo, realizzata sia professionalmente che personalmente. Tuttavia, la sua strada verso la felicità è stata segnata da un passato fatto di violenza e abuso.

Durante l'adolescenza, si è trovata infatti a esser vittima di una terribile esperienza, dove qualcuno ha approfittato di lei per scopi a sfondo sessuale. Non ho intenzione di scendere nei dettagli su ciò che due adulti sono riusciti a fare a una ragazzina innocente, ma basti sapere che Mary ha dovuto affrontare un peso e un trauma che nessuno dovrebbe mai vivere. "Se mi fai questo ti compro una maglietta", "se mi fai quest'altro ti prendo una pizza", queste erano le frasi che si sentiva dire ripetutamente mentre via via la fiducia che disponeva negli altri andava scemando.

I suoi carnefici sfruttavano video e immagini al fine di manipolarla, cercando di convincerla ad adempiere determinate richieste in cambio di favori. Il contatto con la giovane avveniva attraverso telefonate per poi proseguire dal vivo.

Quei manipolativi ricatti emotivi hanno eroso gradualmente le aspettative verso chiunque incontrasse... Mary ha avuto il coraggio di chiedere aiuto: attraverso il suo percorso terapeutico, ha lavorato duramente per riconquistare la fiducia in se stessa e negli altri che le era stata ingiustamente sottratta. Nonostante tutto, è riuscita a ritrovare la fiducia in un uomo meraviglioso, che è diventato suo marito, e oggi è una madre amorevole e una professionista di successo. Malgrado le difficoltà iniziali, ha dimostrato una forza straordinaria e, grazie alla sua resilienza e al supporto dei suoi cari, ha costruito una vita serena piena di soddisfazioni.

Grazie, Mary, per avermi permesso di condividere la tua storia.

Terza testimonianza

Questa è la storia di Giacomo, un ragazzo con disabilità intellettiva che, all'età di 13-14 anni, attraverso il telefonino, entra in contatto con dei siti pornografici che lo espongono a immagini e scene non adatte alla sua età.

Fortunatamente, i suoi genitori erano molto attenti, per cui hanno subito notato che qualcosa non andava.

Hanno agito prontamente, offrendo il sostegno necessario per aiutare il ragazzo a superare e comprendere ciò che aveva visto, coinvolgendo anche un terapeuta specializzato.

È stato grazie alla loro sollecitudine nel monitorare la cronologia di navigazione su Internet e nel riconoscere alcuni comportamenti anomali da parte di Giacomo che è stato possibile intervenire tempestivamente.

Questa storia sottolinea l'importanza fondamentale dell'attenzione e del controllo genitoriale per proteggere i figli e garantire il loro benessere perpetuo.

Grazie, Giacomo, a te e alla tua famiglia per avermi permesso di raccontare la vostra storia.

Capitolo 4: Imitazione, tempo e ascolto attivo

Le opportunità offerte dal web sono molteplici e coprono tutte le attività della vita quotidiana: studiare, giocare, fare acquisti, cercare notizie, costruire relazioni, e molto altro. I bambini e i ragazzi lo sanno bene. Tuttavia, quello che spesso ignorano sono i rischi a cui si possono esporre.

Nei capitoli precedenti ne abbiamo analizzati alcuni e in questo proseguiremo esaminando le azioni che un genitore dovrebbe o non dovrebbe intraprendere al riguardo.

Il **primo fattore** che bisogna tenere a mente è che noi adulti dobbiamo dare il **buon esempio**.

Il potere del "come" non va mai sottovalutato. Nei commenti entusiastici dei bambini, per esempio "voglio essere come papà" o "Da grande diventerò come mamma", risiede la forza di tale affermazione e ciò che ne consegue.

Mi spiego meglio.

Parliamo di "modeling", nota come "teoria dell'apprendimento sociale", ovvero una teoria sviluppata dallo psicologo Albert Bandura, secondo cui le persone imparano nuovi comportamenti attraverso l'osservazione diretta dei modelli e la successiva imitazione di tali comportamenti.

Il processo si basa su quattro componenti chiave:

Modelli: Sono le persone che vengono osservate e imitate. Possono essere genitori, insegnanti, amici, o qualsiasi altra figura che abbia un impatto significativo sulla persona che impara.

Osservazione: La persona che apprende nota attentamente le azioni e i comportamenti del modello.

Memorizzazione: "L'osservatore" memorizza mentalmente le informazioni apprese. Questo coinvolge la codifica delle azioni osservate nella memoria a lungo termine.

Imitazione: A questo punto, la persona che apprende cerca di riprodurre o imitare il comportamento del modello.

Arriviamo quindi al clou del discorso: l'imitazione, per i giovanissimi, rappresenta una forma fondamentale di apprendimento, poiché contribuisce a modellare il loro modo di agire e di essere.

Già nelle prime fasi dello sviluppo, i piccoli mostrano una straordinaria capacità a riguardo. Come evidenziato dagli studi del famoso psicologo svizzero Jean Piaget sul neonato, sin dai primi mesi di vita riescono a rispondere alle azioni degli altri riproducendole: io, genitore, rido e mio figlio ride, per esempio.

A mano a mano che crescono, sviluppano una maggiore specializzazione nell'imitare, attribuendo un significato alle azioni che replicano. Iniziano a comprendere il fine e l'utilità di un gesto piuttosto che di un altro. Così facendo si integrano nell'ambiente circostante, assumendo un ruolo attivo nella loro interazione con il mondo.

Pertanto, ogni genitore è in grado di aiutare il proprio figlio a crescere in modo sereno, basandosi sul proprio comportamento.

È quindi fondamentale essere consapevoli del potere delle proprie azioni e delle parole utilizzate. Bisogna essere coerenti nel mostrare un atteggiamento positivo e sano, in modo da fornire un modello da seguire giusto per i propri figli. Questo non significa essere perfetti, ma piuttosto essere consapevoli della propria condotta e fare del proprio meglio per essere un esempio positivo.

Per cui, se noi genitori siamo i primi a utilizzare il telefonino durante i pasti oppure a trascorrere tutto il fine settimana di fronte allo schermo della tv, come possiamo pretendere che i nostri figli non facciano altrettanto? Per loro quella sarà la normalità!

Consiglio finale: Non dimenticare la teoria dell'imitazione e dare il buon esempio sull'uso responsabile della tecnologia.

Cosa evitare: Contraddirsi nell'approccio all'utilizzo della tecnologia rispetto a ciò che si dice ai propri figli.

Il **secondo fattore** imprescindibile è capire (e far percepire) l'importanza del **tempo** e dargli il giusto valore.

Occupare tempo di qualità con i propri figli oggi può risultare una sfida, specialmente quando si è a casa, dato che la tecnologia esercita un forte richiamo, soprattutto per i più piccoli.

È importante iniziare fin da subito a educare e regolamentare la durata sull'uso di questi strumenti, poiché una volta che viene concesso loro un tempo illimitato, diventa difficile farli tornare indietro.

Come evitare che si impantanino di fronte alla tv tutto il giorno, per esempio? Spaziando con la fantasia: lavoretti manuali, come il découpage, "sperimenti" in cucina, o attività più fisiche, come una bella passeggiata o biciclettata in mezzo alla natura, sono delle valide alternative! Così facendo incoraggiamo la loro inventiva e creatività e, al contempo, li teniamo impegnati facendoli divertire. Con ciò non intendo dire che non possiamo gustarci insieme ai nostri ragazzi un bel film o simili, ma le esperienze non devono limitarsi *solo* a questo! Quindi, quanto tempo possono stare i nostri figli di fronte ai vari schermi?

Non esiste una regola fissa e senza dubbio ogni famiglia imporrà le proprie, tuttavia esistono dei parametri generali derivanti da vari studi in merito.

Da 0 a 3 anni: È raccomandato evitare completamente l'esposizione ai dispositivi digitali nella prima infanzia, poiché interferiscono in modo negativo con lo sviluppo psicofisico del bambino. In questa fascia d'età non c'è bisogno di schermi video o di realtà virtuale: al contrario, è fondamentale che il bambino sviluppi competenze interagendo con l'ambiente tramite i cinque sensi, così da stimolare le proprie risorse neuronali. Basta la sola televisione accesa nella stessa stanza in cui un bambino sta giocando per disturbare la sua attività, inibendo la capacità di sviluppare la sua concentrazione.

Secondo Daniel Goleman, l'attenzione è una risorsa mentale spesso trascurata, ma che svolge un ruolo di enorme importanza nel modo in cui si affronta la vita. L'attenzione connette con il mondo e plasma l'esperienza.

Il touchscreen non offre un'esperienza sensoriale completa, in quanto è solo una superficie liscia che attiva stimoli visivi.

Numerosi studi documentano una relazione diretta tra la l'esposizione agli schermi e l'attenzione dei bambini. Per esempio, un bambino piccolo che guarda la televisione per un'ora al giorno ha un rischio doppio di sviluppare deficit di attenzione rispetto a chi non la guarda.

Da 3 a 6 anni: limitare l'uso degli schermi a un intervallo tra 5 e 10 minuti. Questa dovrebbe però essere l'eccezione e non la routine. Specifica: andrebbero evitati i giochi interattivi, pare che in questa età si sviluppano delle facoltà relative al senso logico, perciò sarebbe più opportuno avvicinare i piccoli ai videogiochi dopo i sette anni.

Dai 7 ai 10 anni: si consiglia di limitare a non più di 30-60 minuti al giorno. Per quanto riguarda Internet, fino ai nove anni ogni bambino non dovrebbe venirne a contatto (a eccezione di contenuti kids friendly).

Dagli 11 anni in poi: concordare un numero di ore settimanali per l'uso dei dispositivi, tenendo conto delle esigenze individuali e del bilanciamento tra le varie attività da svolgere (sport, compiti etc.). Specifica: a partire dai 12 anni, la navigazione su Internet può essere libera, ma è sempre meglio impostare il parental control e non lasciarli allo sbaraglio.

Rispondere alla domanda "per quanto tempo?" non è facile, perciò questo è senza dubbio un punto di partenza; in ogni caso, gli esperti concordano che trascorrere più di 20 ore online alla settimana è considerato un comportamento problematico, mentre a partire da 30 ore settimanali si corre il rischio di sviluppare una dipendenza.

Come riuscire a monitorare la durata complessiva, soprattutto negli adolescenti? Non è sufficiente stabilire solamente delle regole, è importante anche verificare attentamente che vengano rispettate, per cui, il controllo da parte dei genitori riveste un ruolo basilare.

Ci sono però alcuni *suggerimenti pratici* molto utili che possono essere facilmente applicati per favorire l'accertamento.

1. È possibile gestire l'accesso a Internet in vari modi, per esempio bloccando la rete Wi-Fi (WLAN) in determinati orari. Per evitare di limitare l'uso a tutta la famiglia, si può decidere di installare una seconda rete Wi-Fi dedicata ai figli.
2. Collocare i dispositivi (tv, computer, videogiochi) in stanze comuni, così da poter monitorare con più facilità gli accessi. Quando i dispositivi sono posizionati nelle aree comuni della casa, diventa più semplice accorgersi se stanno superando il tempo prestabilito. Al contrario, se i dispositivi si trovano nella loro cameretta, diventa più difficile notare se stanno utilizzando i dispositivi oltre l'orario consentito.
3. Utilizzare il parental control. Questi software o impostazioni consentono ai genitori di impostare limiti di tempo, controllare i contenuti a cui è possibile accedere e monitorare le attività online.

4. Limitazioni automatiche e PIN: La maggior parte dei dispositivi moderni offre la possibilità di impostare limitazioni di accesso automatiche. Si può definire un orario prestabilito in cui il dispositivo si bloccherà e richiederà un codice PIN o una password per continuare a utilizzarlo.
5. In commercio esistono device studiati appositamente per i più giovani, dotati di default di tutte le caratteristiche necessarie per consentire un uso sicuro.

Consiglio finale: Stabilire regole comuni sulla durata di utilizzo dei vari device e controllare che siano rispettate.

Cosa evitare: Lasciare completa autonomia di gestione ai propri figli o dare per scontato che rispettino le regole richieste senza effettuare dei check.

Il **terzo fattore** è il **confronto** e il **dialogo** costruttivo, nonché **l'ascolto attivo**!

Essere genitori significa educare i nostri bambini nel presente, quindi sempre, e per farlo in maniera adeguata occorre aiutarli a comprendere ciò che è appropriato e ciò che non lo è, anche in merito alla tecnologia.

Sottolineo che l'uso di violenza, urla, minacce o schiaffi non ha alcun senso ed è un metodo antieducativo. Se nostro figlio supera il tempo prestabilito al computer, visita un sito non adatto alla sua età o utilizza il nostro telefono di nascosto, non serve a nulla picchiarlo, anzi... occorre dialogare, cercare di capire le ragioni dietro quelle azioni e comunicare. Le mani non sono la soluzione, così come le punizioni "a raffica" non lo sono.

Come suggerisce il pedagogista francese Alain Horst, possiamo utilizzare la "memoria del successo" e adottare un approccio positivo nell'educazione.

Questo significa concentrarsi sul riconoscimento e sulla valorizzazione dei risultati positivi, dei comportamenti desiderabili, delle scelte saggie e ragionate. Così facendo permettiamo ai nostri figli di sviluppare fiducia in se stessi, di rafforzare l'autostima e di sentirsi motivati a continuare a fare scelte positive.

Adottare un approccio positivo significa anche concentrarsi sulle soluzioni anziché sui problemi. Invece di focalizzarsi sugli errori o sui comportamenti indesiderati (come, per esempio, aver passato tutto il pomeriggio sui social) è bene identificare insieme le alternative migliori, le azioni che possono portare a non ripetere lo sbaglio una seconda volta.

Un clima di collaborazione e coinvolgimento spinge i figli a prendere scelte consapevoli e rispettare le regole.

Il dialogo costruttivo è fondamentale non solo per instaurare una comunicazione aperta e sincera con i nostri figli, ma anche per comprendere eventuali situazioni anomale e risolverle insieme.

Un esempio concreto è rappresentato dal fenomeno del cyberbullismo che è stato trattato in precedenza. Come possiamo aspettarci che nostro figlio si confidi con noi riguardo a un'esperienza così delicata se, anziché offrire sostegno e comprensione, siamo i primi a incolparlo o a peggiorare una condizione già di per sé difficile?

Sentirsi giudicati o accusati, spinge a chiudersi e a nascondere ciò che si sta vivendo. Pertanto, è essenziale adottare un approccio empatico, non punitivo, e basato appunto sul dialogo sincero. Dobbiamo dimostrare loro che siamo lì per supportarli, ascoltarli e trovare insieme soluzioni appropriate.

Il potere del dialogo è incredibile. È un'arte complessa che ci consente di condividere idee, convinzioni e pensieri profondi. Purtroppo, molti ormai preferiscono comunicare attraverso le parole scritte di una chat anziché parlare di persona. Noi, però, non dobbiamo commettere lo stesso errore con i nostri figli. Dobbiamo aprirci a loro, instaurando conversazioni costanti, oneste e aperte. Come farlo? Tramite l'ascolto attivo.

Ma cos'è esattamente? In tale frangente, è la capacità genitoriale di dedicare tempo e interesse autentico ai nostri figli. Si tratta di collegarsi con loro in modo profondo, utilizzando il linguaggio del corpo, il tono di voce e le proprie emozioni.

E in che modo si mette in pratica?

1. *Dedicando tempo di qualità:* È importante fissare momenti specifici durante la giornata in cui conversare con i propri figli e dedicargli la più totale

attenzione. Questo può avvenire durante i pasti o prima di andare a dormire, per esempio.
2. *Eliminare le distrazioni:* È consigliabile mettere da parte telefono, lavoro o qualsiasi altro tipo di "distrazione", creando così un ambiente privo di interferenze. Mostrando totale presenza, si dimostra loro che ciò che ci comunicano è importante.
3. *Essere empatici:* Occorre mettersi nei panni dei figli per comprendere le loro emozioni, così da capire veramente come si sentono. È utile porre domande aperte per incoraggiarli a condividere ulteriormente le loro esperienze.
4. *Dimostrare "visivamente" il proprio interesse:* Mantenere il contatto visivo, annuire per mostrare comprensione e utilizzare espressioni facciali per rispecchiare le loro emozioni. Utilizzare, quindi, il linguaggio del corpo per dimostrare che le loro parole sono state comprese.
5. *Rinviare il giudizio:* Evitare di giudicare o criticare i figli quando parlano, creando così uno spazio sicuro in cui regna il confronto.

6. *Essere pazienti:* L'ascolto attivo richiede pazienza. Non bisogna interrompere o finire le frasi al loro posto, bensì lasciargli esprimere in maniera completa i propri concetti, anche se delle volte impiegano un po' più di tempo.
7. *Non rinviare sempre le conversazioni:* capitano momenti in cui si è estremamente focalizzati, ma se nostro figlio ha bisogno di parlare con noi proprio in quel frangente, rispondere con frasi come "Aspetta un attimo, sto facendo..." o "passa più tardi" sono deleterie. Bisogna essere presenti in quel momento, perché non è detto che torni a condividere con noi ciò che voleva dire.

Consiglio finale: Far capire ai propri figli, attraverso l'ascolto attivo e il dialogo costruttivo, che confidarsi e parlare con i propri genitori è un fattore imprescindibile.

Cosa evitare: Atteggiamenti "tossici" che non favoriscono la creazione di uno spazio sicuro di confronto per i propri figli.

Capitolo 5: Raccomandazioni da trasmettere ai propri figli in merito al mondo del digitale

A livello pratico, è importante trasmettere ai propri figli alcune **raccomandazioni basilari** per aiutarli ad approcciarsi in modo sereno, educato ed equilibrato al mondo del digitale.

Eccone alcune da poter condividere con loro.

1. Non inviare fotografie estremamente personali (in particolar modo raffiguranti scenari intimi) a nessuno, a maggior ragione a sconosciuti o conoscenti.
2. Non farsi vedere in webcam senza il consenso dei genitori e, in determinate circostanze, senza la loro presenza.
3. Non divulgare fotografie di terzi senza permesso.
4. Non dare mai i propri contatti telefonici agli sconosciuti.
5. Non inserire e divulgare informazioni personali (indirizzo di casa, scuola etc.) su Facebook, Messenger e simili.

6. Non prestare i propri device a persone che non si conoscono.
7. Non aprire link, allegati o simili se non si è sicuri al 100% che la fonte sia affidabile.
8. Prima di pubblicare un qualsiasi contenuto su Internet assicurarsi che sia conforme e non causi "danni" a lungo termine (una volta che un elemento finisce in rete vi rimarrà per sempre).
9. Non divulgare le proprie password, neanche con gli amici più stretti.
10. Rispettare le regole di età per l'accesso. Molte piattaforme e servizi online hanno restrizioni di età per l'iscrizione, bisogna utilizzare solo i servizi adatti alla propria fascia d'età.
11. Mantenere il giusto comportamento online, portando sempre rispetto verso gli altri, evitando qualsiasi tipo di azione aggressiva o offensiva.
12. Verificare sempre la veridicità delle informazioni che si trovano online, specialmente prima di condividerle con gli altri o di utilizzarle per un qualsiasi scopo. Internet è pieno di fake news.

13. Non fidarsi. Tra profili falsi e hackerati non si può mai sapere con certezza chi si nasconde dall'altra parte di uno schermo per cui bisogna sempre essere vigili e mantenere atteggiamenti responsabili.
14. Segnalare eventuali insulti o situazioni che creano disagio sia al servizio di supporto dell'applicazione in questione sia ai propri genitori.
15. Non fare acquisti online senza consenso. Lasciare i propri dati di pagamento online può essere estremamente rischioso.
16. Non rispondere a messaggi, inviti o richieste di amicizia o incontro online etc. di persone che non si conoscono.
17. Non utilizzare i device in situazioni inopportune (per esempio durante una lezione scolastica, un pranzo o simili).
18. Rispettare la durata di utilizzo assegnata dai genitori.
19. Non causare inquinamento acustico (per esempio, non mettere il vivavoce durante una chiamata se si è in pubblico o non alzare il volume dei videogiochi al massimo così da non disturbare i vicini di casa).

20. Scegliere con cura la connessione Internet a cui ci si collega. Bisogna assicurarsi sempre che le reti Wi-Fi utilizzate siano sicure, soprattutto se pubbliche.
21. Segnalare eventuali comportamenti inappropriati o minacce (sia personali che verso terzi) riscontrate online.
22. Rientrando a casa, lasciare il telefono su un mobile o nella borsa, dedicando tutta la propria attenzione alla famiglia o alle faccende domestiche. È importante condividere anche le piccolezze del quotidiano, come le attività svolte nella giornata e com'è stata nel suo complesso, escludendo del tutto il cellulare, soprattutto a cena.

Quando si sta parlando, non esiste l'"aspetta, parliamo dopo" solo perché dobbiamo rispondere al telefono o inviare un messaggio: possiamo farlo in un secondo momento, adesso stiamo ascoltando una persona a noi cara, non importa se il contenuto è importante o meno. Il semplice fatto che l'altro sta condividendo è di per sé importante.

Capitolo 6: Idee per trascorrere tempo con i propri figli senza ricorrere alla tecnologia

Abbiamo ormai appurato che trovare il giusto equilibrio tra il tempo trascorso online e quello offline è inevitabile.

Ma quali alternative possiamo proporre ai bambini per far sì che si divertano come matti e, al contempo, trascorrano del tempo di qualità lontano dai device?

È bene che un bambino sappia giocare e intrattenersi da solo, ma soprattutto nella primissima infanzia, il gioco condiviso riveste un ruolo fondamentale, per cui analizzeremo entrambi gli scenari.

Qui di seguito suggerisco alcune idee da poter proporre!

1. Attività all'aria aperta

Organizzare una partita di calcio improvvisata, creare un percorso a ostacoli con corda e cerchi colorati, o proporre i "classici intramontabili" come nascondino e acchiapparella, a cui poi si possono aggiungere attività come passeggiate e dei giri in bicicletta o sui pattini. Possono correre, saltare, arrampicarsi... insomma, possono dar sfogo alla propria energia. Permettiamo ai nostri figli di immergersi nella bellezza che la natura ci offre perché solo "toccandola con mano" ne apprezzeranno il valore! I giochi all'aperto non solo stimoleranno la loro attività fisica, ma promuoveranno anche il benessere emotivo e mentale, nonché la creatività e l'estro.

Un esempio pratico: La caccia al tesoro

Si può organizzare un percorso avvincente nel parco o nel bosco più vicino, dove i bambini dovranno seguire indizi misteriosi, scoprire segreti nascosti e affrontare sfide emozionanti lungo il cammino.

Mentre si immergeranno all'insegna dell'avventura, potranno toccare l'erba morbida sotto i piedi, ascoltare il canto degli uccelli, annusare i profumi dei fiori, respirare a pieni polmoni l'aria pulita e correre ovunque!

Per rendere la caccia ancora più coinvolgente si possono introdurre indovinelli e quesiti stimolanti, pensati a seconda dell'età del proprio figlio.

Per esempio, nascondendo bigliettini tra i cespugli che, via via, indirizzeranno alla meta finale, ma solo se si viene a capo della risposta!

2. Attività manuali

Liberiamo la creatività dei nostri figli con attività manuali coinvolgenti e divertenti: lasciamo che le loro mani esplorino il mondo dell'arte e non solo, stimolando così la loro immaginazione e sviluppando abilità pratiche.

Si può optare per progetti di artigianato come la creazione di gioielli fatti a mano, la decorazione di cornici o la realizzazione di collage colorati. Dalle perline luminose ai brillanti pennarelli, dai colori vivaci alle stoffe e ai fili: saranno travolti in un mondo di fantasia.

Oppure, perché non fargli provare il modellismo? Che siano modellini di treni, di aerei, o di edifici famosi, i bambini potranno divertirsi a seguire le istruzioni, assemblare le parti e creare qualcosa di unico con le loro mani.

Le attività manuali non solo divertiranno i bambini, ma avranno anche numerosi benefici per lo sviluppo cognitivo e motorio.

Costruire, tagliare, dipingere, incollare etc. sono tutte attività che favoriscono la coordinazione occhio-mano, stimolano la creatività, potenziano e incoraggiano l'esplorazione, l'espressione di sé e la fiducia in se stessi.

Un esempio pratico: Creazioni con il DAS

Armarsi di blocchi di DAS di diverse tonalità e di strumenti e formine di modellazione: i bambini potranno lasciar volare la propria immaginazione mentre plasmano e creano opere uniche, tra personaggi fantastici, animali bizzarri e oggetti di vario tipo.

Potranno mescolare i colori per creare nuove sfumature, sperimentare con varie texture e aggiungere dettagli affascinanti alle loro creazioni e, una volta terminate, arricchirle con ornamenti extra.

Una volta che le creazioni saranno finite, potranno ammirare con orgoglio il frutto del proprio lavoro.

3. Attività in compagnia

Immaginiamo un'esplosione di risate, sorrisi e sana competizione tra amici, lontano dai tablet e immersi nel mondo dei giochi in compagnia. Come fare? Creando un'atmosfera coinvolgente che trasformerà la casa in un'arena di divertimento.

Occorre solo invitare gli amichetti del proprio figlio, selezionando un gruppo di dimensioni gestibili per garantire un'esperienza più interattiva e coinvolgente per tutti e predisporre alcune alternative: lego, giochi di società, attività manuali o all'aria aperta che abbiamo visto in precedenza, etc.

Per rendere ancora più entusiasmante la partecipazione dei bambini, si possono mettere in palio dei "premietti" irresistibili, incartati in modo misterioso rendendo così il momento della consegna ancora più emozionante.

I giochi in compagnia sono l'opportunità perfetta per far scoprire il piacere di giocare insieme agli altri, di affrontare sfide, e di imparare a gestire le vittorie e le sconfitte.

Un esempio pratico: Sfida tra talenti

Occorre allestire in un angolo di casa una sorta di "palco", magari utilizzando un semplice lenzuolo come sfondo, liberando l'area e decorandola con qualche festone e lucine colorate.

Ogni bambino avrà l'opportunità di mostrare il proprio talento speciale, che sia cantare, ballare, recitare, fare magie o imitare personaggi famosi.

Il gioco inizia con la presentazione di ogni concorrente, che avrà qualche minuto per esibirsi e mostrare la propria capacità. Dopo tutte le esibizioni, si terrà una premiazione, in cui ogni partecipante riceverà un riconoscimento speciale oppure un "premio collettivo" come una merenda ricca e sana.

Sarà un'esplosione di divertimento!

Se consideriamo una fascia d'età più matura, ci sono comunque numerose alternative all'uso dei device, molte delle quali simili alle proposte per i più giovani, ma naturalmente adattate alle loro esigenze.

1. Sport e attività all'aperto

Gli adolescenti possono dedicarsi a esperienze all'aperto più avventurose, come il trekking in montagna, il kayak, il surf, il paracadutismo o il campeggio. Godranno di tutti i benefici che la natura offre, arricchendo il proprio bagaglio esperienziale e costruendo ricordi preziosi. Oltre a ciò, possono cimentarsi in vari sport fino a scoprire quello che più gli interessa. Tra calcio, equitazione, danza, basket, pallavolo... hanno l'imbarazzo della scelta.

2. Sviluppo delle competenze pratiche

L'adolescenza è il momento ideale per esplorare la propria identità e scoprire le proprie passioni. Invece di passare ore davanti al telefono, perché non dedicarsi a sviluppare abilità pratiche?

Così facendo si apprendono competenze che si rivelano utili nella vita di tutti i giorni e potenzialmente aprono le porte a future carriere.

Una delle opzioni è la cucina, dove possono imparare a preparare piatti deliziosi, sperimentare con nuove ricette e scoprire il piacere di condividere il cibo con gli altri. Oppure, il fai da te, che offre loro l'opportunità di sviluppare abilità manuali, creando oggetti unici e personalizzati con materiali diversi.

Ci sono infinite possibilità da esplorare, ma la vera bellezza sta nell'avventurarsi nell'individuare quella che meglio si adatta ai propri interessi. Pertanto, è fondamentale incoraggiare i nostri figli a sperimentare e acquisire competenze che li arricchiranno per tutta la vita.

3. Tempo di qualità con gli amici

Quante volte osserviamo gruppi di ragazzi riuniti nei bar, tutti intenti a fissare lo schermo dei loro telefoni anziché immergersi nel momento reale?

È fondamentale far comprendere ai nostri figli che quando si è in compagnia, bisogna godersi appieno l'esperienza presente. Incoraggiamoli a creare momenti speciali (per esempio: organizzare un picnic rilassante in un parco, organizzare una serata dedicata ai giochi da tavolo o progettare una breve vacanza) con i loro amici senza ricorrere ai device ogni secondo.

Simili momenti offrono l'opportunità di creare ricordi duraturi, rafforzare legami e condividere esperienze autentiche che vanno ben oltre il mondo virtuale.

Così facendo avranno la possibilità di connettersi con i loro amici in modo più profondo, dialogare, ridere e divertirsi insieme senza le distrazioni dei device. Potranno condividere emozioni reali, gesti affettuosi e momenti di complicità che renderanno le loro relazioni ancor più preziose.

Indipendentemente dall'attività scelta, l'importante è promuovere l'idea che il tempo trascorso con gli amici sia un momento prezioso da vivere appieno.

Nota bene: Ogni bambino/ragazzo è un individuo unico e le attività che suscitano l'interesse possono variare. Oltre a ciò, è fondamentale considerare sempre l'età del soggetto prima di proporre determinate alternative.

Presentazione autrice

Carmela Di Blasio è una psicologa, psicoterapeuta e naturopata con oltre 20 anni di esperienza.

Nel corso degli anni, ha ampliato le sue competenze attraverso una formazione professionale continua, acquisendo conoscenze e competenze aggiornate. È appassionata del suo lavoro e crede fermamente nel potere delle metodologie naturali per il benessere psicologico e fisico delle persone. Sin da giovane, ha coltivato una passione per l'aiuto agli altri e ha dedicato parte del suo tempo al volontariato.

Attualmente, ricopre il ruolo di Presidente dell'Associazione Age Genitori di Pescara, un'organizzazione nazionale che si dedica al sostegno dei genitori e delle famiglie. Da oltre 10 anni, Carmela è attiva come volontaria presso questa associazione, dedicando alcune ore alla settimana per offrire il suo supporto e la sua esperienza a coloro che ne hanno bisogno.

Oltre al suo impegno professionale, l'autrice è una madre e moglie devota, che trova grande gioia nel dedicare tempo e attenzione alla propria famiglia. Il suo matrimonio è stato una fonte di supporto costante, grazie all'appoggio del suo amorevole marito, che l'ha sempre sostenuta nelle sue scelte. Le figlie di Carmela sono state un altro grande sostegno nella sua vita, e lei ha dedicato loro tempo, dedizione e un'educazione coerente basata su regole semplici, ma significative, compreso l'utilizzo consapevole della tecnologia.

Carmela Di Blasio continua a guardare avanti con fiducia, sapendo che il futuro è il risultato di ciò che ha costruito finora: con una profonda consapevolezza del valore della salute, del rispetto reciproco e della capacità di trarre insegnamenti dagli alti e bassi della vita, si impegna a vivere nel presente, sapendo che il passato ha contribuito a plasmare il suo percorso, ma che il futuro offre ancora molte opportunità per crescere e contribuire al benessere degli altri e di sé.

Conclusioni

> Ho letto questa frase che mi ha fatto venire la pelle d'oca:
>
> "Immagina di leggere un libro dove non ci sia la possibilità di ritornare alla pagina precedente...
>
> Con quanta attenzione leggeresti il libro?"
>
> Ecco, questa è la vita.

Questa frase incarna perfettamente il ruolo del genitore: ciò che è accaduto nel passato non può essere cambiato, tuttavia, si possono influenzare e scrivere le pagine del presente, del qui e ora, con azioni immediate e regole fondamentali, influenzando così il futuro.

In questo libro abbiamo affrontato un viaggio nel mondo digitale e il relativo rapporto tra genitori e figli: non ho mai promesso verità assolute, né soluzioni definitive per ogni famiglia, ma ho offerto una prospettiva che può essere un punto di partenza per una trasformazione significativa. Questo sì.

A questo punto, mi preme lasciare un ultimo, ma significativo messaggio: riconoscere i propri errori e limiti non è un segno di debolezza, ma di forza, per cui non bisogna esitare nel chiedere aiuto a professionisti quando si riconosce di averne bisogno.

Essere "Genitori nell'era digitale" non è facile, ma sarò ben felice di offrire supporto a tutti coloro che ne avranno bisogno.

psicologa.diblasio@gmail.com
+39 348 421 9186
Via Michelangelo 14, Pescara, via Verrotti
Montesilvano

Ringraziamenti

Ringrazio la mia famiglia per supportarmi ed essere al mio fianco sempre.

Desidero esprimere la mia sincera gratitudine a coloro che mi hanno concesso il permesso di utilizzare la propria storia come testimonianza preziosa all'interno di questo libro. La loro generosità nel condividere le proprie esperienze contribuisce in modo significativo alla ricchezza e all'impatto di queste pagine.

Genitori nell'era digitale

Genitori nell'era digitale

Sostieni il Progetto
Andrea e L'associazione
Genitori A.ge Pescara
con il 5x1000

inserisci il C.F. 80009670680 sulla
tua dichiarazione dei redditi

Ti è piaciuto questo libro?

Seguici ed esprimi il tuo parere sulle nostre pagine social:

- (f) Edizioni&100
- (©) edizioni&100
- (▶) Edizioni &100
- (♪) edizionie100marketing
- (in) Edizioni &100
- (◀) Edizioni &100 Marketing

Anche tu vuoi realizzare il tuo libro di successo?

Scansiona il QR Code e prenota una consulenza gratuita con il team di Edizioni &100 Marketing per parlarne!

Scopri di più sul nostro sito www.edizionie100.com

Scopri gli altri libri di successo realizzati da Edizioni &100 Marketing:

Scannerizza il QR Code e visita il nostro sito web!

Desideri maggiori informazioni?

Contattaci:

Telefono: 06 77207937
Mobile: 351 8081397
Email: info@edizionie100.com
Indirizzi: P.le K. Adenauer 8 – 00144, Roma
Via Bergamini 7 – 20122, Milano

Della stessa collana:

Scrivi il tuo successo – Alessandro Gian Maria Ferri

Ho imparato – Massimo Imparato

Tu non puoi capire! – Marcella Loporchio

Trasforma i tuoi numeri in soldi – Salvatore Cortesini

Il cuore pulsante del consulente in saldo e stralcio – Pamela Righetti

L'infinito - Ester Giarrusso

I don't get Lucky, I make my own Luck– Alessandro Gradelli

Allenamento tailormade – Marco Colciaghi

Barista Ricco – Francesco Buompane

Da 0 a Franchising – Carlo Di Martino e Luca Siclari

Agente Immobiliare, la mia passione vincente – Dario Biato

La donna che sarò – Dress for Success Rome

Sicilia. Come eravamo, siamo, saremo - Emilio Aldo Maglie

Femmina dentro - Cristiana Himat Shakti Kaur

La badante perfetta... e non solo – Francesca Ciarlone

La forza del cambiamento è dentro di noi – Giulia Guarino

La rivoluzione dell'intelligenza artificiale – Gabriele Ponti

La vendita perfetta della tua casa – Iacopo Romi

Lava Self. Lo splendore in un gettone – Marco Radaelli

Le produttrici nel cinema italiano – Lisa Ferri

Le terre lontane - Robert Alin Dimofte

Professionista TOP – Giuseppe Tomasello

Sicuri Senza Glutine - Giancarlo D'Andrea

Soluzioni impresa – Thomas Coppola

Il Covid e gli appalti pubblici – Thelma Prestifilippo

Ultimo. Dall'ultimo banco alla finanza agevolata – Vito Virzì

Un diavolo per capello – Sergio Tirletti

Un imbranatissimo collezionista di attimi – Manlio Bitocchi

Una spremuta di me – Giorgio Gaetano Bottari

Uomini in fuga – Mimmo Leonetti

Da scugnizzo a sartorialist – Ciro Marigliano

Sogni – Armenio Del Picchia

L'ascolto che meriti, Il supporto che vuoi – Danyla De Vincentiis

Consapevolumilmente. Dal diario di bordo di un venditore – Vincenzo Parlavecchio

Kefa – Carmelo Caruso e Gianluigi Di Lorenzo

OMYA Studio e io – Cristina Bernard

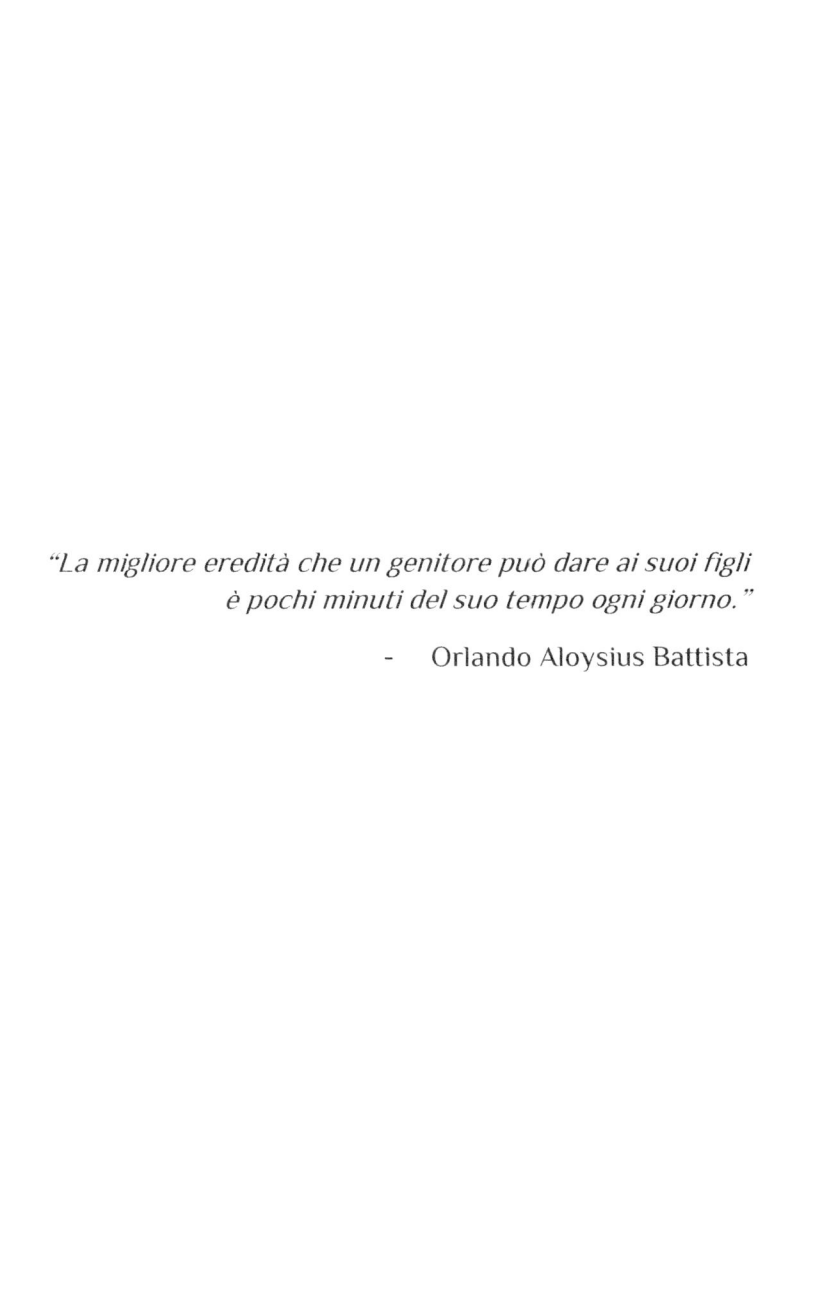

"La migliore eredità che un genitore può dare ai suoi figli è pochi minuti del suo tempo ogni giorno."

- Orlando Aloysius Battista

Stampato da Edizioni &100 Marketing.

Printed by Amazon Italia Logistica S.r.l.
Torrazza Piemonte (TO), Italy